In meiner Bi-Ba-Badewanne - Das Liederbuch

20 Spiel-, Spaß- und Bewegungslieder für fröhliche Kinder

Das Liederbuch mit allen Texten, Noten und Gitarrengriffen zum Mitsingen und Mitspielen

Neue Kinderlieder mit Stephen Janetzko

... mehr Info, mehr CDs, mehr Lieder & Noten:
www.kinderliederhits.de

Stephen Janetzko
(Autor, Liedermacher und Verleger)

Mit einer 20-minütigen MC „Der Seebär" fing alles an, heute sind es weit über 600 Kinderlieder, die der gebürtige Hagener Liedermacher bereits auf über 50 CDs und in zahllosen Liedsammlungen veröffentlicht hat. Viele davon, wie „Hallo und guten Morgen", „Wir wollen uns begrüßen", „Augen Ohren Nase", „Das Lied von der Raupe Nimmersatt", „Hand in Hand" oder „In meiner Bi-Ba-Badewanne", werden heute gesungen in Kindergärten, Schulen und überall, wo Kinder sind.

Copyright © 2016 Verlag Stephen Janetzko, Erlangen
www.kinderliederhits.de
Alle Lieder verlegt bei Edition SEEBÄR- Musik Stephen Janetzko, Erlangen
*Online-Shop im Internet unter **www.kinderlieder-shop.de***
Covergrafik: Stephen Janetzko (CD-Cover: Frohmut Ritter)
Notensatz, grafische Vorbereitung und Idee: Stephen Janetzko
All rights reserved.

ISBN-10: 3957222451

ISBN-13: 978-3-95722-245-9

Alle Rechte vorbehalten.

Dieses Werk ist urheberrechtlich geschützt. Jegliche Vervielfältigung und Verwertung ist nur mit Zustimmung der Autoren bzw. des Verlags zulässig. Das gilt insbesondere für Übersetzungen, die Einspeicherung und Verarbeitung in elektronischen Systemen sowie für das öffentliche Zugänglichmachen wie zum Beispiel über das Internet.
Ein Nachdruck oder eine Weiterverwertung ist nur mit schriftlicher Genehmigung des Verlags möglich.

© Verlag Stephen Janetzko, **www.kinderliederhits.de**

Inhaltsverzeichnis

Lied:	Seitenzahl:
In meiner Bi-Ba-Badewanne	4
Guten Morgen	5
Dino hier, Dino da (Dino im Kino)	6
Mein Name ist ... (Das Kennenlern-Lied)	7
Lied von Jochen Gummibär (Meine Mama, mein Papa und ich)	8
Teddybär-Lied	9
Meerschweinchen-Song	10
Indianer-Song (Indianer-Kreisspiel-Lied)	11
Der Zug ist weg (Das Lied der Pünktlichkeit)	12
Kleines Drama (instr.)	13
Rudi auf Reisen	14
Ein supergrünes Osterei (Kulumbubu 2)	15
Geburtstag, Geburtstag	16
Aufbruch (instr.)	17
Mir ist so langweilig	18
Arme hoch und Arme runter (Ich dreh mich um mich selbst im Kreis)	19
Wach auf	20
Schnibbidibbi	21
Wir steh'n zusammen (We are the champions)	22
Bruderherz - komm, tanz mit mir! (Janetzko)	23

Die CD zum Buch:

CD In meiner Bi-Ba-Badewanne
- 20 Spiel-, Spaß- und Bewegungslieder für fröhliche Kinder

Best.-Nr. 91033-25, EAN 4032289004079
ISBN 978-3-932455-93-3

In meiner Bi- Ba- Badewanne

Text und Musik: Stephen Janetzko; CD "Bi-Ba-Badewannen-Hits - 20 Kinderlieder mit Gitarre"
© Edition SEEBÄR-Musik Stephen Janetzko, www.kinderliederhits.de

Refrain: In meiner Bi-, Ba-, Badewanne...

2. Ich seif meine Füße ein, nana nana na. meine Knie, das ganze Bein, nana nana na.
Gründlich wasch ich meinen Po, nana nana na, Vorderseite ebenso, nana nana na.
Refrain: In meiner Bi-, Ba-, Badewanne...

3. Rücken, Brust und meinen Bauch, nana nana na, schrubb ich kräftig, Arme auch, nana nana na.
Hände waschen, schon gemacht, nana nana na, nun der Hals - wär ja gelacht, nana nana na!
Refrain: In meiner Bi-, Ba-, Badewanne...

4. Haare waschen, Stück für Stück, nana nana na, in den Ohren sitzt noch Dreck, nana nana na.
Schnell noch Nase und Gesicht, nana nana na, nur die Zähne wasch ich nicht, nana nana na.
Refrain: In meiner Bi-, Ba-, Badewanne...

5. So sitz ich von früh bis spät, nana nana na, Leute, wie die Zeit vergeht, nana nana na.
Wasser raus, ich bin noch nass, nana nana na, Handtuch her - das war ein Spaß, nana nana na!
Refrain: In meiner Bi-, Ba-, Badewanne...

Guten Morgen

Text und Musik: Stephen Janetzko; CD "In meiner Bi-Ba-Badewanne"
© Edition SEEBÄR-Musik Stephen Janetzko, www.kinderliederhits.de

1. Gu-ten Mor-gen, gu-ten Mor-gen! Gra-de bin ich auf-ge-wacht,
bin noch mü-de, ganz ver-schla-fen. Mir ist schwind-lig von der Nacht.

2. Guten Morgen, guten Morgen! Komm, steh auf, der Tag beginnt.
Wir haben heute soviel vor uns. Komm, steh auf, die Zeit verrinnt.

3. Guten Morgen, guten Morgen! Langsam wird es draußen hell.
Morgentau liegt auf den Gräsern. Und verduftet viel zu schnell.

4. Guten Morgen, guten Morgen! Ja, grade bin ich aufgewacht,
bin noch müde, ganz verschlafen. Mir ist schwindlig von der Nacht.

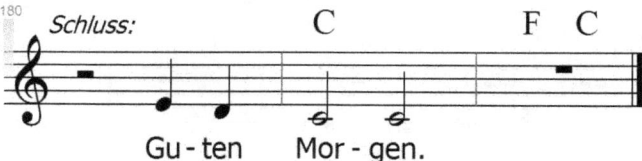

Gu-ten Mor-gen.

Dino hier, Dino da

Text: Sabine Kokoreff; Musik: Stephen Janetzko; CD "In meiner Bi-Ba-Badewanne"
© Edition SEEBÄR-Musik Stephen Janetzko, www.kinderliederhits.de

2. Ich dachte, mich tritt wohl ein Pferd, schalala lala.
Doch was ich sah, war nicht verkehrt, schalala lala.
Da saß der Dino dick und fett und sagte: "Du, ich find dich nett."
Da saß der Dino dick und fett und sagte: "Du, ich find dich nett."

Refrain: Dino hier, Dino da ...

3. Wir sprachen über dies und das, schalala lala.
Doch plötzlich wurde er ganz blass, schalala lala.
Ein Blitz schlug ein, das Licht ging aus und alle Leute liefen raus.
Ein Blitz schlug ein, das Licht ging aus und alle Leute liefen raus.

Refrain: Dino hier, Dino da ...

4. Ich suchte Dino hier und dort, schalala lala.
Doch Dino war auf einmal fort, schalala lala.
Und was glaubst du, ist jetzt wohl wahr, war Dino denn nun wirklich da?
Und was glaubst du, ist jetzt wohl wahr, war Dino denn nun wirklich da?

Refrain: Dino hier, Dino da ...

Mein Name ist Alexander
(Lied von den Namen)

Text und Musik: Stephen Janetzko; CD "Seeräuber Wackelzahn"
© Edition SEEBÄR-Musik Stephen Janetzko, www.kinderliederhits.de

Mein Name ist A-le-xan-der. (Dein Name ist A-le-xan-der.)

Ja, ich bin der A-le-xan-der. (Ja, du bist der A-le-xan-der.)

Mein Name ist A-le-xan-der - und wer bist du?

1. Mein Name ist Alexander...
2. Mein Name ist Jil...
3. Mein Name ist Freya...
4. Mein Name ist Sven...
5. Mein Name ist Elisabeth...

Prinzip:

Mein Name ist ...x...x..... (- dein Name ist ...x...x...)
Mein Name ist ...x...x..... (- dein Name ist ...x...x...)
Ja, ich bin der/die ..x..x. (- Ja, du bist der/die ..x..x.)
Mein Name ist ...x...x..... - und wer bist du?

Spielanregung:
Bei jedem Durchgang stellt sich eine Person vor, die anderen singen den Text in den Klammern.
Das "x" steht hier für die Namenssilben, notiert für zweisilbige Namen wie David, Leon, Gabi, Anna etc. (bei mehr oder weniger Silben passen wir die Melodie leicht an).
Bei "und wer bist du?" zeigt die singende Person auf jemanden, der/die sich noch nicht vorgestellt hat.
Das Lied wird so lange durchgesungen, bis alle sich vorgestellt haben.

Lied von Jochen Gummibär

Text und Musik: Stephen Janetzko; CD "In meiner Bi-Ba-Badewanne"
© Edition SEEBÄR-Musik Stephen Janetzko, www.kinderliederhits.de

Refrain: (Wir sind) Unzertrennlich - meine Mama, mein Papa und ich!...

2. Der Waldbär ist mein bester Freund.
Wie der so durch die Wälder streunt
Der Tiger, der ist auch o.k.. Wenn ich schon seine Streifen seh!
Zuhause backen wir oft Möhrenkuchen.
Den müsst ihr unbedingt versuchen!

Refrain: (Wir sind) Unzertrennlich - meine Mama, mein Papa und ich!...

3. Ich hab 'ne gelbe Hose an.
Die leuchtet hell, oh Mann-o-Mann.
Ich bin zwar klein, aber oho. Das findet Papa ebenso.
Die Mama sagt oft zu mir: Jochen,
was machst du nur für dolle Sochen
(und ich muss dann lochen - hoho).

Refrain: (Wir sind) Unzertrennlich - meine Mama, mein Papa und ich!...

Hinweis: Wer erinnert sich noch an "Janoschs Traumstunde"? Dieses Lied ist Janoschs wunderbaren Figuren gewidmet, von denen wir zuhause einige als Stofftiere hatten.

Teddybär-Lied

Text: Herta Dieckhoff; Musik: Stephen Janetzko; CD "In meiner Bi-Ba-Badewanne"
© Edition SEEBÄR-Musik Stephen Janetzko, www.kinderliederhits.de

1. Ich träumte mal, schon lang ist's her von einem süßen Teddybär. Er tanzte lustig hin und her. Ich nehm dich mit, du Teddybär.

2. Vom tiefen Schlaf jetzt aufgewacht, mein Teddy sich davon gemacht. Hab ich es wirklich nur geträumt? Da hab ich bitterlich geweint.

Refrain: Teddy-, Teddy-, Teddy-, Teddy-, Teddybär.

3. Vielleicht wird mir mein Wunsch erfüllt, ich hab den Teddy nur als Bild,
wie gern hätt ich in meinem Bett 'nen Kuschelbär, oh, das wär nett!

Refrain: Teddy-, Teddy-, Teddy...

4. Als Spielgefährte so ein Bär, ich würd mich freuen, ach so sehr.
Sein Blick so treu, sein Fell so weich. Komm doch zu mir ins Kinderreich!

Refrain: Teddy-, Teddy-, Teddy...

5. Ja, lustig, lustig immerzu. Schenk mir den Teddy, hab dann Ruh.
Ich will auch immer dankbar sein, wenn er gehört mir ganz allein.

Refrain: Teddy-, Teddy-, Teddy...

Meerschweinchen-Song

Text: Thomas Pletzinger (11 Jahre); Musik: Stephen Janetzko; CD "In meiner Bi-Ba-Badewanne"
Tempo: ca. 180   © Edition SEEBÄR-Musik Stephen Janetzko, www.kinderliederhits.de

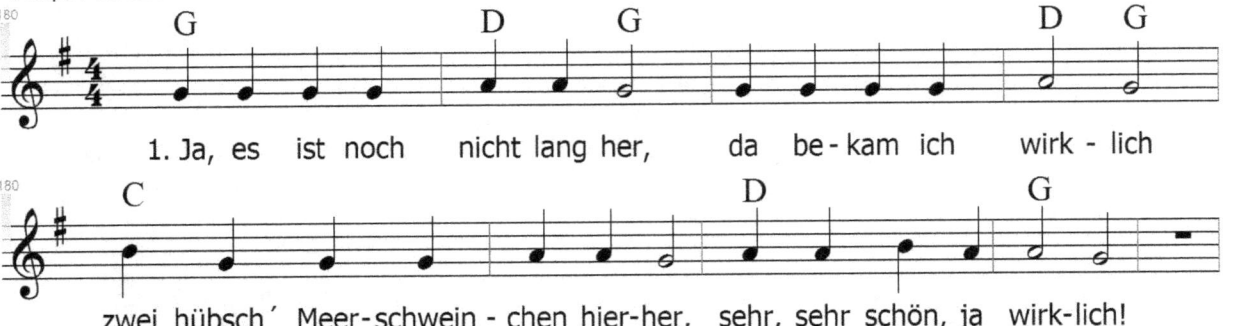

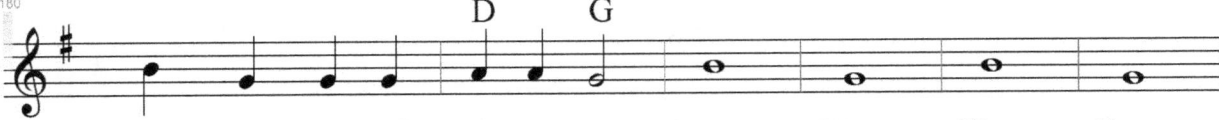

2. Ein paar Wochen später dann: Nein, das ist nicht möglich.
   Lagen acht Meersäue an! Oh, das ist ja schrecklich!

Refrain: Knabber, Knabber, Krabbel, Quitsch ...

3. 18 Wochen später war´n, wirklich sehr, sehr eklig,
   64 Viecher dann wirklich nicht tagtäglich!

Refrain: Knabber, Knabber, Krabbel, Quitsch ...

4./Zwischenspiel:
Das ging dann erst einmal so weiter, bis wir dann schließlich schlecht und heiter
5-1-2 Tiere besaßen, die täglich 1000 Kilo fraßen.

Refrain: Knabber, Knabber, Krabbel, Quitsch ...

Indianer-Song

Text und Musik: Stephen Janetzko; CD "Bi-Ba-Badewannen-Hits - 20 Kinderlieder mit Gitarre"
© Edition SEEBÄR-Musik Stephen Janetzko, www.kinderliederhits.de
Tempo: ca. 200

1. Und ich gehe Schritt für Schritt. Dabei singt ein jeder mit
   Streck die Arme in die Luft. Rufe: Hugh, ich hab den Schuft!

2. Jetzt geht`s rückwärts, 1-2-3. Einer mehr ist mit dabei
   Doch zu zweit wolln wir nich mehr. Du als Dritter musst nun her!

3. Und schon schleichen wir zu dritt. In dem Indianer-Schritt
   Und den nächsten suchen wir. Yippieyeah, jetzt sind wir vier!

4. Hoch zu Ross nun reiten wir. Immerhin sind wir schon vier
   Doch es ist uns ziemlich klar: Es ist noch ein Fünfter da!

5. Erst, da waren 1-2-3, später 4 und 5 dabei
   Doch was soll der ganze Schiet: Denn jetzt machen alle mit!

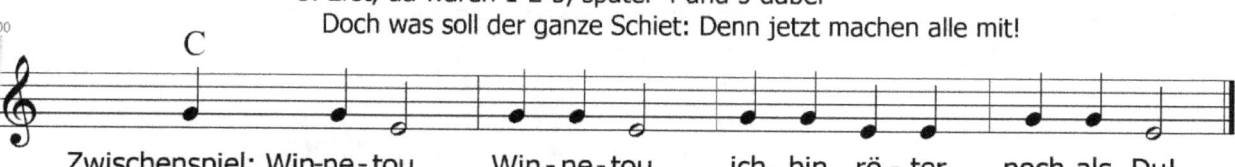

Spielanregung: Der Indianer-Song ist sehr schön als Kreisspiel: Wir brauchen zuerst 2-3 Freiwillige, die das Lagerfeuer darstellen möchten. Sie setzen sich gegenüber hin, halten ihre Hände zusammen und strecken sie in den Himmel. Durch Bewegen der Arme kann das Lodern des Feuers noch imitiert werden. Ein weiterer freiwilliger "Indianer" fängt an, auf einem Bein ums Lagerfeuer zu tanzen, während alle den Refrain singen (Am Ende des Refrains machen wir jeweils Indianergeheul "Hu-hu-hu-hu-hu"). Am Ende jeder Strophe kommt dann ein weiterer Indianer dazu (kann z.B. vom jeweils vorher gewählten Indianer ausgesucht werden).
Nach der 5. Strophe machen dann alle mit! Die Indianer folgen in den Strophen den angegebenen Bewegungen:
1. Schritt für Schritt gehen - 2. rückwärts gehen - 3. schleichen - 4. reiten - 5. sich gegenseitig angucken.
Weitere Hinweise: "Sing" wird hier englisch ausgesprochen, also etwa wie "ßing", schließlich kommen die Indianer ja aus Amerika! Nach der 1. Strophe wird im Refrain anstelle von "ich" "wir" gesungen.
Die Melodie der Strophen ist übrigens dieselbe wie die des Refrains, nur die Note auf "Sing" bleibt unbesungen - und die letzte Zeile wird nicht wiederholt. Das Zwischenspiel kann mitgesungen oder weggelassen werden.

Das Lied der Pünktlichkeit

Text: Thomas Pletzinger (11 Jahre); Musik: Stephen Janetzko; CD "In meiner Bi-Ba-Badewanne"
© Edition SEEBÄR-Musik Stephen Janetzko, www.kinderliederhits.de

Refrain: Der Zug ist weg, der Zug ist weg...

Kleines Drama (instr.)

Musik: Stephen Janetzko; CD "In meiner Bi-Ba-Badewanne"
© Edition SEEBÄR-Musik Stephen Janetzko, www.kinderliederhits.de

Tempo: ca. 124

Rudi auf Reisen

Text und Musik: Stephen Janetzko; CD "In meiner Bi-Ba-Badewanne"
© Edition SEEBÄR-Musik Stephen Janetzko, www.kinderliederhits.de

Refrain: Rudi auf Reisen, Rudi überall...

Hinweis: Dieses Lied ist „Rudi", dem Raben aus der ZDF-Sendung „Siebenstein" gewidmet, bei der ich einmal während meines Studiums in der Redaktion hospitieren durfte

Ein supergrünes Osterei
(Kulumbubu 2 oder: Weltraumostern)

Text: Thomas Pletzinger (11 Jahre); Musik: Stephen Janetzko; CD "Seeräuber Wackelzahn"
Tempo: ca. 162   © Edition SEEBÄR-Musik Stephen Janetzko, www.kinderliederhits.de

Refrain: Ein supergrünes Osterei...

2. Kulumbubu, der lachte sich ganz tot. Er wurde dabei total kriwillirot
Er reichte mir den Hit: Das Krawullafillikullatrimmdichfit.

Refrain: Ein supergrünes Osterei...

3. Ich nahm auf dem Trimmdichfit gleich Platz. Kulumbubu hatte einen großen Spaß
So trimmte ich mich fit. Mit Krawullafillikullatrimmdichfit.

Refrain: Ein supergrünes Osterei...

Geburtstag, Geburtstag

Text und Musik: Stephen Janetzko; CD "Bi-Ba-Badewannen-Hits - 20 Kinderlieder mit Gitarre"
© Edition SEEBÄR-Musik Stephen Janetzko, www.kinderliederhits.de

1. Heu-te wird ge-lacht. (klatsch, klatsch) Heu-te wird ge-kracht. (klatsch, klatsch) Heu-te tanzt der Bär. (klatsch, klatsch) Das fällt ihm gar nicht schwer! (klatsch, klatsch) Refrain: Ge-burts-tag, Ge-burts-tag, die Sve-nja* hat Ge-burts-tag. Ge-burts-tag, Ge-burts-tag, wir fei-ern al-le mit.

2. Heute ist was los. Was ist das denn bloß?
Heute macht die Welt allein, was dir gefällt.

3. Kommt doch alle her! Gratulier`n wir sehr!
Kommt doch alle mit! Das ist ein echter Hit!

4. Was ich noch vergaß: Du machst uns viel Spaß!
Schön, dass es dich gibt! Wir haben dich so lieb!

Spielanregung: In der Strophe nach jeder Einzelzeile 2x klatschen.
Den Refrain singen auf jeden Fall alle zusammen, er kann
abwechselnd auch mal nach Wunsch des Geburtstagskinds flüsternd
leise und grölend laut gesungen werden. (*statt Svenja setzt ihr
den entsprechenden Namen des Geburtstagskinds ein.)

Aufbruch (instr.)

Musik: Stephen Janetzko; CD "In meiner Bi-Ba-Badewanne"
© Edition SEEBÄR-Musik Stephen Janetzko, www.kinderliederhits.de

Tempo: ca. 116

Mir ist so langweilig

Text: Heidemarie Brosche; Musik: Stephen Janetzko; CD "In meiner Bi-Ba-Badewanne"
© Edition SEEBÄR-Musik Stephen Janetzko, www.kinderliederhits.de

Refrain: Mir ist so langweilig, mir ist so langweilig. Ich weiß nicht, was ich spielen soll. Mir ist so langweilig, so schrecklich langweilig. Was soll ich denn nur tun? 1. Wann darf ich wieder raus? Krank lieg ich hier im Bett. Käm nur mein Freund, der Klaus, das fände ich so nett!

Refrain: Mir ist so langweilig... (...drum schau ich in ein Buch.)

2. Wann geht es endlich los? Wie lange dauert's noch?
   Lass mich mal auf dein' Schoß! Wann geht der Vorhang hoch?

Refrain (...drum knobel jetzt mit mir!)

3. Wann sind wir endlich dran. Wir warten ewig schon.
   Warum darf jetzt der Mann und du sagst keinen Ton?

Refrain (...drum mal ich jetzt was an.)

4. Wann kommt das Essen nur? Warum dauert das so?
   Hungrig bin ich, nicht stur. Wär ich nur anderswo!

Refrain (...drum reimen wir jetzt was.)

5. Wann sind wir endlich da? Die Fahrt dauert so lang.
   Sag doch mal etwas, Pa! Mich nervt dein Schnulzgesang.

Refrain (...drum singe ich ein Lied.)

Refrain (...was soll ich denn nur tun?)

Arme hoch und Arme runter
(Ich dreh mich um mich selbst im Kreis)

Text und Musik: Stephen Janetzko; CD "Bi-Ba-Badewannen-Hits - 20 Kinderlieder mit Gitarre"
© Edition SEEBÄR-Musik Stephen Janetzko, www.kinderliederhits.de

1. Ich dreh mich um mich selbst im Kreis. (1, 2, 3.) Ich gehe einen Schritt nach vorn. Und wackel mit den Ohr'n.
Ich sag dem Nachbarn, was ich weiß ("bla bla bla")
Refrain: Arme hoch und Arme runter, in die Knie -(klatsch, klatsch)- ich bin putzmunter.

2. Ich schließe meine Augen zu. Ich hüpfe wie ein Känguruh.
Ich zwick mir in den Arm, "pardon!"
Und spiel Akkordeon. Und spiel Akkordeon.

3. Ich glaub, dass ich ein Hase bin. Ich huste leise vor mich hin
Ich mache eine große Faust.
Und streck die Zunge raus. Und streck die Zunge raus.

4. Ich blöke einmal wie ein Schaf. Ich tue so, als ob ich schlaf.
Ich heb das linke Bein im Nu.
Das rechte gleich dazu. Das rechte gleich dazu.

5. Ich halte meinen Atem an. Ich stampfe mit den Füßen dann.
Jetzt schwimm ich wie ein Fisch im Meer.
Und rufe: "Seht mal her!". Und rufe: "Seht mal her!".

6. Ich schaue in ein fernes Land. Ich fliege, das ist allerhand.
Ich halte meine Nase zu.
Und singe: "Schubidu". Und singe: "Schubidu".

7. Nun springe ich, so hoch ich kann. Und fang ganz laut zu lachen an.
Bin anschließend mucksmäuschenstill.
Nun tu ich, was ich will! Nun tu ich, was ich will! [Lieblingsbewegung etc.]

Wach auf!

Text: Günter Hugk; Musik: Stephen Janetzko; CD "In meiner Bi-Ba-Badewanne"
© Edition SEEBÄR-Musik Stephen Janetzko, www.kinderliederhits.de

1. Wach auf, wach auf, du müdes Herz; wach auf und freue dich! Die Sonne strahlt hell in den März, sie lacht für dich und mich! Die Sonne strahlt hell in den März, sie lacht für dich und mich!

2. Hinaus, hinaus in die Natur, hinaus auf`s schöne Land!
   Ein zarter Wind streift durch die Flur, er reicht uns dar die Hand!
   Ein zarter Wind streift durch die Flur, er reicht uns dar die Hand!

3. Wach auf, wach auf und schau nur hin! Wach auf und träume nicht!
   Die Märzenzeit füllt Herz und Sinn, sie macht dem Werden Licht!
   Die Märzenzeit füllt Herz und Sinn, sie macht dem Werden Licht!

Schnibbidibbi

Text und Musik: Stephen Janetzko; CD "In meiner Bi-Ba-Badewanne"
© Edition SEEBÄR-Musik Stephen Janetzko, www.kinderliederhits.de

Schnibbidibbi didabi,
schnibbidibbi didu
Schnibbidibbi didabi,
schnibbidibbi didabi di
dapdidap
diduh (pups).

Hinweis:
Eigentlich war "Schnibbidibbi" zunächst ein Instrumentalstück als Fanfare für das Hagener Projektkino "kinolife." (mit Trompeten usw.)
Es kann also auch ähnlich instrumental eingesetzt werden oder a capella mit beliebigem Text, "Lala..." oder wie auch immer...

Wir steh'n zusammen (We are the champions)

Text: Stephen Janetzko; Original-Text und Musik: Freddy Mercury 1977; © Queen Music, Ltd./EMI,
CD "In meiner Bi-Ba-Badewanne" - Info: www.kinderliederhits.de

1. Ich mach jetzt Schluss, es war sehr schön. Es ist schon spät, ich muss nun gehn. Könnt ihr mich hö-ren? Dann singt doch mit. Die gan-ze Welt, die soll es hö-ren, un-ser Lied:

Refrain: Wir stehn zu-sam-men, heut' Nacht. Sei-te an Sei-te, ge-bet acht! Wir stehn zu-sam-men, wir stehn zu-sam-men. Das könnt ihr se-hen, ja, wir stehn zu-sam-men - je-den Tag.

2. Kommt gut nach Haus, wer immer ihr seid. Dass ich jetzt fort muss, es tut mir leid.
Denkt aneinander, geht Hand in Hand. Eines ist klar, und wir, wir haben das erkannt:

Refrain: Wir stehn zusammen...

Hinweis: Mit Dank an die EMI.

Bruderherz – komm, tanz mit mir!

Text und Musik: Stephen Janetzko; CD "Bi-Ba-Badewannen-Hits - 20 Kinderlieder mit Gitarre"
© Edition SEEBÄR-Musik Stephen Janetzko, www.kinderliederhits.de

2. Heben wir das linke Bein ...
3. Klatschen wir doch in die Hand ...
4. Heben wir den rechten Arm ...
5. Heben wir den linken Arm ...
6. Stampfen wir doch mit dem Fuß ...
7. Watscheln wir im Kreis herum ...
8. Springen wir doch in die Luft ...
9. Schließen wir die Augen zu ...
10. Gehn wir in die Hocke nun ...
11. Wackeln wir doch mit den Ohrn ...
12. Halten wir die Nase zu ...
13. Einen Bauchtanz machen wir ...
14. Setzen wir uns kurz zur Ruh ...

Spielanregung:
Zu den einzelnen Strophen werden die jeweiligen Bewegungen ausgeführt.
Bestimmt fallen euch noch viel mehr Strophen ein.
Beim Refrain haken sich alle paarweise unter und tanzen im Kreis,
bei "Schwesterherz..." wechseln wir die Richtung.

www.ingramcontent.com/pod-product-compliance
Lightning Source LLC
Chambersburg PA
CBHW081505040426
42446CB00016B/3403